はじめに

　高校から大学に進学すると，仕組みや勉強の仕方の面で，大きな変化に直面します。大学が高校までの延長だと考えていると，そのギャップに戸惑うことになるでしょう。

　そこで，この本では，「大学は高校とどこがどう違うのか」という視点から，大学の仕組みや勉強の仕方について，分かりやすく紹介しています。巻末には，大学で使われる独特の言葉を集めた，「大学用語集」も収録しました。

　この本は，『大学生になる前に知っておきたいこと』というタイトルで併設の教学社から刊行していたものを，大学生になってからも使いやすいようリニューアルしたものです。大学入学が決まったときや，入学して戸惑いを感じたときはもちろん，大学に慣れるまで，何度も手に取って読んでほしいと思います。そんな願いを込めて，『大学新入生ハンドブック』と名付けました。

　大学では，いろいろなことを自分で調べ，確認し，決断し，実行することが求められます。しかし，その分，何ごとも自分で決められる自由があります。そのことに気づけば，大学生活をより有意義なものにすることができるでしょう。

　みなさんがこの本で大学について知り，自分自身の手で，充実した大学生活を築かれることを願っています。

編集部

4　4年間の大学マップ

　　6　TOPIC 1　高校と大学の違い
　10　TOPIC 2　大学では授業も違うの？
　14　TOPIC 3　いきなり専門的なことを学ぶの？
　18　TOPIC 4　大学で学ぶということ
　22　TOPIC 5　レポートとゼミ発表ってどんなもの？
　26　TOPIC 6　大学の試験ってどんなもの？
　30　TOPIC 7　大学の先生ってどんな人？
　34　TOPIC 8　課外活動には何がある？
　38　TOPIC 9　キャンパスライフを楽しむ
　42　TOPIC 10　キャンパスライフを守る
　46　TOPIC 11　卒業までに学んでおきたいこと
　50　TOPIC 12　将来のこと

　54　大学用語集

Q1	9	午前中に授業がない曜日ができてもいいの？ 授業を1つも受けない曜日ができてもいいの？
Q2	9	単位は1年生のうちにほとんど取ってしまうこともできるの？
Q3	17	授業についていけるかどうか不安です…。
Q4	17	違う大学の授業を受けることはできるの？
Q5	29	試験の結果が悪くて単位が取れなかったら，留年になるの？
Q6	29	1回も授業に出なくても 単位が取れる授業があるって聞いたけど…。
Q7	33	授業を休むときは誰に言ったらいいの？
Q8	33	大学生になったら，自分のパソコンは必要？
Q9	37	クラブやサークルはどうやって選んだらいいの？
Q10	37	お金がなくて困っています…。
Q11	41	ひとり暮らしの食事はどうしたらいいの？
Q12	41	大学生活を有意義に過ごすコツは何ですか？
Q13	45	身に覚えのない請求がきました！
Q14	45	何だかやる気が出ません…。

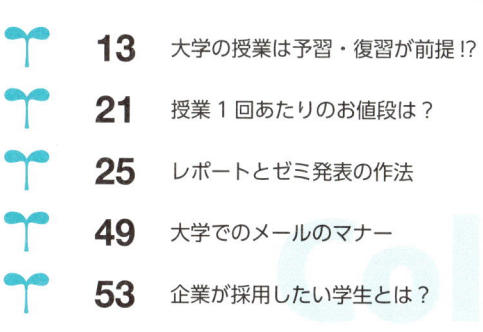

	13	大学の授業は予習・復習が前提⁉
	21	授業1回あたりのお値段は？
	25	レポートとゼミ発表の作法
	49	大学でのメールのマナー
	53	企業が採用したい学生とは？

4年間の大学マップ

TOPIC 1　高校と大学の違い

 ### いろいろなことを自由に決められる！

高校と大学のいちばんの違いは，大学では「いろいろなことを自由に決められる」ということでしょう。それは，何ごとにも自発性が求められるということでもあります。

 ### 時間割は自分で作る！

大学では，受ける授業を自分で選んで，「自分だけの時間割」を作ることができます。学科や専攻が同じでも，人によって時間割が違うのが当たり前です。授業によっては，他学部や他学年の人と一緒になることもあります。

 ### 時間割はどうやって作るの？

授業を受けて試験に合格すれば，「単位」が取得できます。卒業に必要な単位数が決められているので，授業は，4年間でその単位数を満たすように選べばよいのです。自分で選べるといっても，必ず履修▶しなければいけない科目（必修科目）もあります。

 ### 空き時間の過ごし方も自由！

時間割の組み方によっては，空き時間もできます。基本的に自由な時間なので，図書館で読書や予習をしたり，食堂やキャンパスで友だちと過ごしたりすることができます。

■:時間割の例

	月	火	水	木	金
1限	基礎ゼミ		フランス語Ⅱ		
2限	英語Ⅰ	フランス語Ⅰ		入門	情報
3限	心理学	社会学	スポーツ	英語Ⅱ	概論
4限		発達心理学	環境学		演習
5限	教職				

☐ 外国語科目（必修）
☐ 専門基礎科目（必修）
☐ 一般教養科目
☐ 教職科目（学校教諭免許取得のための科目）

高校までと違い，1つの授業は週1回がふつう。

授業内容が書かれたシラバスを見て選ぶ。必修科目から埋めていこう。

▶履修
授業を受けて単位を取ること。

ホームルームがない！

大学には、高校までのようなホームルーム（決まったクラス）がありません。高校では授業ごとに先生が教室に来てくれますが、大学では、学生が自分で決めた時間割に従って教室を移動します。教室で座る席も自由です。

「自由」だけど「責任」も生まれる

高校までは、クラスの担任の先生が学校生活に関する面倒をみてくれました。ホームルームのない大学ではそうはいきません。時間割などを自由に決められる反面、受ける授業の登録（履修登録）や必要な授業の確認などを、自分の責任でしなくてはいけないのです。

必要な情報は掲示板で

大学や教員からの連絡事項（**休講**▶や教室の変更など）は、大学内の掲示板やインターネットで確認します。掲示の見落としで困ったことになっても学生の責任とされるので、「大学に行ったらまず掲示板を見る」という習慣をつけることが大切です。

掲示は毎日確認！

▶休講
授業が休みになること。大学では、先生が休んでも、代わりの先生が来たり、自習になったりはしない。

事務手続きは専用の窓口へ

大学には、学務課や学生課といった、事務の窓口があります。履修登録や**各種証明書**▶、奨学金の申請をするときは、先生に言うのではなく、これらの窓口に行きます（インターネットで履修登録ができる大学もあります）。大学の手続きで分からないことがあれば、事務の窓口で相談します。

▶各種証明書
在学証明書や学生証など。証明書自動発行機で発行する大学もある。

CHECK！

TOPIC 1の文章を読んで，次の問題に答えましょう。

問1 正しいものに〇，誤っているものに✕を入れましょう。
(1) ☐ 授業は他学部や他学年の人と一緒になることもある。
(2) ☐ 1週間に1つの授業が2〜4回ずつある。
(3) ☐ 時間割はまったく自由に決められる。
(4) ☐ 授業では座る席が決まっていない。
(5) ☐ 選択すべき授業は先生が教えてくれる。
(6) ☐ 先生が都合で休んだ場合は，代わりの先生が来る。
(7) ☐ 履修登録や証明書の申請は自分で先生にお願いする。

問2 あなたの大学では，必要な情報を伝える掲示板はどの建物にありますか。建物の名前を書いてください。

_____

問3 あなたの大学で，履修登録や各種証明書，奨学金の申請をする事務の部署／係の名前は何ですか。またその部署／係はどの建物にありますか。建物の名前を書いてください。

　　　　　　　　　　　（部署／係名）　　　　　　（建物名）

履修登録　：　_____　_____

各種証明書：　_____　_____

奨学金　　：　_____　_____

午前中に授業がない曜日ができてもいいの？
授業を1つも受けない曜日ができてもいいの？

A 自分で時間割を作るときに，授業が午前中だけの曜日や，午後だけの曜日ができるかもしれません。大学では，授業が昼からということも珍しくありません。同様に，授業がまったくない，休みの曜日を作ることもできます。ただ，大学の授業は集中力を要しますし，予習・復習など，授業以外に多くの時間を必要とします。特定の曜日に授業が偏ったり，朝から晩まで授業を詰め込みすぎたりしないよう，バランスを考えることが重要です。

単位は1年生のうちに
ほとんど取ってしまうこともできるの？

A 大学の授業は，予習・復習をしたり，調べものをしたりと，授業時間以外にも多くの時間を必要とします。授業を詰め込みすぎると，1つ1つの授業が消化不良になるので，多くの大学が，1年間で履修できる単位に上限を設けています。とはいえ，3，4年生になると，レポートや発表などで，調べたり文書をまとめたりする時間がさらに増えます。就職活動などで忙しくなることも考えて，1，2年生のうちに，取れる単位をしっかり取っておくことも大切です。

CHECK! 問1の解答　(1) ◯　(2) ✕　(3) ✕　(4) ◯　(5) ✕　(6) ✕　(7) ✕

TOPIC 2　大学では授業も違うの？

授業時間が長い！

大学の1つの授業時間は90分で，これを「1コマ」と呼びます。高校は50分のところが多いので，大学の授業は非常に長く感じられるでしょう。

授業の形式もいろいろ

大学の授業は，形式によって，次の3つに分けられます。

大学の授業形式

形式	規模	内容
講義	大人数	先生が教壇に立って授業をする。1，2年次の一般教養科目に多い。
ゼミ（演習）	少人数	学生が調べてまとめたことを口頭発表し，それについてみんなで議論する。3，4年次の専門科目に多い。レポート課題もよく課される。
実習・実験	少人数	実際に体験したり，仮説の検証のために調査や実験をしたりする。調査や実験の結果はレポートにまとめる。

講義
講義の中には，何百人もの学生が受講するものもあり，先生がマイクを使って授業をすることもある。

ゼミ

講義ってどんなもの？

「講義」は，先生が教壇に立ち，黒板の前で授業を行うので，高校までの授業に近いように思えます。しかし，高校の授業と大学の講義には，次のような違いがあります。

実験

■高校の授業と大学の講義の違い

高　校		大　学
板書中心	授業の進め方	話すこと中心
科目によって学習内容が決められている。教科書に沿って授業が行われる。	授業と教科書	先生が独自に授業を考え、教科書も指定する。教科書に沿って授業が行われるとは限らない。
大事なポイントは先生が板書してくれる。	黒板の使い方	使わない先生もいる。大事なポイントは先生の「話の中」に潜んでいる。

ノートのとり方が違う！

　高校までは、「先生が黒板に書いた通り」ノートに写すことが大切でした。大学では、そもそも黒板を使わない先生もいて、板書されたからといってそれが大事なポイントとは限りません。そのまま写したのでは、あとで見るときに役に立たないのです。先生が話す内容をその場で大まかに理解し、ポイントを書き留めるようにすることが大切です。

大事なポイントは、強調されたり繰り返し言われたりする！

ゼミってどんな授業？

　「ゼミ（演習）」は、数人〜20人ぐらいの少人数で行われる、参加型の授業です。あるテーマについて、参加者が意見を交わしながら、理解を深めることが目的です。調べたことを発表したり、学生同士で討論したりすることが授業の中心になり、先生は進行役や助言役に回ります。3、4年次の専門科目に多い授業形式ですが、最近は、1年次からゼミ形式の授業を行う大学も増えています。

先生の名前をとって「〇〇ゼミ」とも呼ばれる。少人数で議論を交わすので、ゼミ内の仲間意識も自然と高まる。

CHECK!

TOPIC 2 の文章を読んで，次の問題に答えましょう。

問1　正しいものに〇，誤っているものに✗を入れましょう。
(1)　〇 ✗　講義は，高校までの授業とほとんど同じである。
(2)　〇 ✗　講義形式の授業は，3，4年次の専門科目に多い。
(3)　〇 ✗　講義は，少人数で行われる参加型の授業である。
(4)　〇 ✗　大学には，黒板を使わない先生もいる。
(5)　〇 ✗　ゼミでは，レポート課題がよく課される。
(6)　〇 ✗　ゼミは，何百人もの学生が受講することもある。
(7)　〇 ✗　ゼミでは，先生は進行役や助言役をする。

問2　あなたの大学の授業時間をそれぞれ書いてください。

1限目　：　___ 時 ___ 分　〜　___ 時 ___ 分

2限目　：　___ 時 ___ 分　〜　___ 時 ___ 分

3限目　：　___ 時 ___ 分　〜　___ 時 ___ 分

4限目　：　___ 時 ___ 分　〜　___ 時 ___ 分

5限目　：　___ 時 ___ 分　〜　___ 時 ___ 分

大学の授業は予習・復習が前提!?

　授業を受けて試験に合格すれば，規定の「単位」が取れます。1年を前・後期の半々に分けた期間のことを「半期」といいますが，半期の授業（15回）であればふつう，2単位が取れます。卒業に必要な単位は，124が基本で，これを満たさないと卒業できません。

　ところで，1単位は「45時間の学修を必要とする内容」と定められています。つまり，半期で2単位の授業で単位を取るには，90時間の勉強が必要だということになります。

　一方，1回の授業時間は90分で，授業回数は半期で15回ですから，授業だけでは22.5時間にしかなりません。実際は，90分の授業を2時間と見なすので30時間になりますが，それでも60時間が足りません。

　実は，この60時間は自習時間なのです。大学生であれば，「自主的に学ぶのが当たり前」と見なされているのです。15回の授業で60時間の自習が必要なのですから，1回の授業につき，4時間の予習・復習が前提になっていることが分かります。

CHECK! 問1の解答　(1) ✗　(2) ✗　(3) ✗　(4) ○　(5) ○　(6) ✗　(7) ○

TOPIC 3 いきなり専門的なことを学ぶの？

授業の科目は2種類に分けられる

　大学の授業は，その性格によって，「一般教養科目」と「専門教育科目」に大まかに分けることができます。

■大学の授業の種類

一般教養科目	内容	専門教育科目
幅広い教養を身につけるための科目。専門を超えた関心や，豊かな人間性を養うことが目的。	内容	学部・学科ごとの専門的な内容を学ぶ科目。1，2年次の入門的な内容から，徐々に専門的な内容へと進む。

まずは教養を身につける

　大学に入って，いきなり専門的な勉強をするわけではありません。1，2年次にも入門的な専門教育科目の授業はありますが，中心となるのは一般教養科目や語学（外国語）の授業です。まずは幅広い教養を身につけ，学問に対する視野を広げます。

英語以外の外国語も学べる！2ヵ国語が必修の大学も多い。その場合の2つ目の外国語科目のことを第2外国語と呼ぶ。

いよいよ専門へ！

　多くの大学では，3年生になるとゼミに配属され，学部ごとの専門的な内容を学んでいきます。ゼミでは，専門分野の中でさらに細かい内容をテーマに設定し，深く研究していきます。

🔍 大学の教科書ってどんなもの？

高校までは学習内容が決められていて、教科書もその内容に沿った専用のものでした。それに対して大学では、ふつうの書店でも扱われている学術書や入門書が、教科書として指定されます。学生は、自分が選んだ授業の教科書を確認して、大学内の書店（生協など）に自分で買いに行きます。

新学期には特設コーナーが設置されることも多い。

🔍 教科書がない授業もあるの!?

大学では、先生が独自に授業内容を考えます。授業の名前が同じでも、先生が違えば、使われる教科書が違うこともあります。教科書の扱いもさまざまで、教科書は指定しても内容通りには進めない先生もいれば、最初から教科書を指定しない先生もいます。

一般に学術書は高価なので、全部そろえると数万円に及ぶことも！

🔍 学術的な文章は怖くない

大学では、専門書や論文などの、学術的な文章を読む機会が増えます。難しそうで不安に思うかもしれませんが、学術的な文章には決まった「形式」があるので、その形式さえ知っていれば、読むのはそんなに難しいことではありません。学術的な文章は、筆者の「主張」と、それを裏づける「根拠」が明確に示された文章で、多くの場合、「序論」、「本論」、「結論」からなっています。

CHECK!

TOPIC 3の文章を読んで，次の問題に答えましょう。

問1　正しいものに○，誤っているものに✗を入れましょう。
(1)　[○✗]　大学の授業は，一般教養科目と外国語科目に分けられる。
(2)　[○✗]　大学では，学部ごとの専門的な内容だけを学ぶ。
(3)　[○✗]　大学では，英語以外の外国語も学ぶことができる。
(4)　[○✗]　1，2年次は，専門の授業が中心となる。
(5)　[○✗]　大学の教科書は，その授業用に作られたものである。
(6)　[○✗]　大学の教科書は，ふつうの書店では買えない。
(7)　[○✗]　教科書がない授業もある。

問2　あなたの大学に教科書を取り扱う書店（生協を含む）はありますか。

(1)　あれば，その書店の名前と場所（建物名）を書いてください。

　　書店名　：　_____　　場所　：　_____

(2)　なければ，教科書を取り扱う書店の中で，あなたが行きやすそうな書店の名前と場所を書いてください（オンライン書店も含む）。

　　書店名　：　_____　　場所　：　_____

　　書店名　：　_____　　場所　：　_____

　　書店名　：　_____　　場所　：　_____

授業についていけるかどうか不安です…。

A 大学に入ると，専門性の高い授業が増えます。授業のスタイルも高校までとは違うので，はじめは戸惑うことがあるかもしれません。でも，授業の準備をきちんとすれば，ついていけないことはありません。大学の授業は，学生が自発的に勉強することを前提としています。授業前に教科書や入門書を読んでおけば，先生の話も理解しやすくなります。それでも分からないことがあったら，先生に尋ねてみましょう。大学の先生も，意欲ある質問を歓迎してくれるはずです。

違う大学の授業を受けることはできるの？

A 大学ごとに授業科目や授業内容は異なります。その大学にしかない，ユニークな授業も少なくありません。「単位互換制度」を利用すれば，違う大学の授業が受けられて，しかも，取得した単位が所属大学の単位として認められます。ただし，単位が認められるのは，協定を結んでいる大学だけです。科目が限定されている場合もあります。協定が結ばれていない大学でも，「科目等履修生制度」や「聴講生制度」を利用すれば，授業を受けることができます。

CHECK！ 問1の解答　(1) ✕　(2) ✕　(3) ◯　(4) ✕　(5) ✕　(6) ✕　(7) ◯

TOPIC 4 大学で学ぶということ

「覚える」勉強から「考える」勉強へ

高校までは，教えてもらったことを，事実として「覚える」ことが勉強でした。大学では，明らかな答えが出ていない（出せない）問題も扱うので，覚えることよりも，「考える」ことが中心になります。

本が正しいとは限らない!?

高校までは，教科書の内容が正しいかどうかを疑うことはなかったと思います。しかし，学術的な文章は，筆者の研究の経過や成果が記されたものであり，1人の筆者（研究者）のその時点での主張（意見）に過ぎません。長年，正しいと考えられてきたことでも，新発見で覆ることもあります。大学で文章を読むときは，筆者の主張を読み取った上で，その主張が妥当かどうかを検証する読み方が必要になるのです。

このような読み方を，批判的な読み（クリティカル・リーディング）という。

大学生に求められる学びの姿勢

高校までの勉強は，教えてもらったことを覚えることが中心なので，受け身の態度でも構いませんでした。大学では，自分で問題を設定し，自分で調べ，自分なりの答えを出すことが求められます。この求められる姿勢の違いは，中学・高校生が「生徒」と呼ばれ，大学生が「学生」と呼ばれることにも表れています。大学生は，「主体的に学ぶ」ことが求められるのです。

■ 高校生・大学生の呼ばれ方の違い

高　校		大　学
生　徒	呼ばれ方	学　生
教わる存在 （受　身）	込められた意味	自ら学ぶ存在 （自　発）

 ほかの人と分かち合おう！

　大学では自分ひとりで取り組むことばかりではありません。友人や先輩と意見を交わすことも大切な学びです。問いを立て，答えを出し，それをほかの人と分かち合うことまでが大学での学びといえます。

 図書館が大活躍！

　大学での学びをサポートするために，大学には，高校の図書室よりも規模の大きい図書館があります。まちにある公共図書館と同じように，本を借りたり**閲覧**したりすることができます。公共図書館は趣味や娯楽の本も多いですが，大学図書館は大学での学習や研究のための図書館なので，学術書や専門書が充実しています。調べものをするときや**レポート**を書くときなど，大学の学びには欠かせない施設です。

▶閲覧
本などを調べたり読んだりすること。

▶レポート
大学で課題としてよく出される，短めの論文のこと。
TOPIC5 も参照。

 学び方もちゃんと教えてもらえるの？

　入学後に行われる**オリエンテーション**では，大学の仕組みやルールについて説明してもらえます。また最近では，基礎ゼミや入門ゼミといった授業が１年次にあり，レポートの書き方やゼミでの発表の仕方といった，大学での学びの方法について詳しく教えてもらえるようになっています。

▶オリエンテーション
新入生対象の説明会のこと。

CHECK!

TOPIC 4 の文章を読んで，次の問題に答えましょう。

問1　正しいものに○，誤っているものに×を入れましょう。
(1)　[○ ×]　大学での勉強は，主体性が求められる。
(2)　[○ ×]　クリティカル・リーディングとは，音読のことである。
(3)　[○ ×]　大学生は「学生」，高校生は「校生」と呼ばれる。
(4)　[○ ×]　大学図書館は，学生に娯楽を提供するためにある。
(5)　[○ ×]　大学図書館は，学術書や専門書が充実している。
(6)　[○ ×]　大学図書館では，貸し出しは行っていない。
(7)　[○ ×]　オリエンテーションでは大学の仕組みを教えてもらえる。

問2　あなたの大学で，図書館はどの建物の近くにありますか。

　　　_____　の近く

問3　大学で学ぶに当たって，あなたが不安に思うことは何ですか。
　　　また，期待することは何ですか。

　　　不安　：　_____

　　　期待　：　_____

授業1回あたりの
お値段は？

　大学は自主性が重んじられているので，授業をサボるのも自己責任です。しかし，大学の授業は無料ではありません。では，授業は，1回あたりいくらぐらいになるのでしょうか？　大学の1年間の授業料は次の通りです。

■ 年間授業料

国公立大学	535,800 円
私立大学（文系）	742,478 円
私立大学（理系）	1,043,212 円

国公立大学は国立大学の2013年度の標準額。
私立大学は2013年度の平均額で，文部科学省の調査による。

　半期に15回ある授業を，前期・後期に10コマずつ受講したとすると，年間の授業回数は300回です。授業料を授業回数で割ると，1回あたりの授業料が計算できます。

■ 1回分の授業料

国公立大学	1,786 円
私立大学（文系）	2,475 円
私立大学（理系）	3,477 円

CHECK!　問1の解答　(1) ○　(2) ×　(3) ×　(4) ×　(5) ○　(6) ×　(7) ○

TOPIC 5　レポートとゼミ発表ってどんなもの？

レポートって何？

大学では，さまざまな場面でレポート課題が出されます。レポートとは「根拠に基づいて主張を述べた文章」のことです。与えられるテーマに沿って，具体的な「問い」を立てることから始まります。

■レポートが課される場面

感想文とは違うの？

レポートは，小・中学校で書いたような感想文とは違います。決まった形式があるので，その形式に沿うように作れば，そう難しくはありません。

■感想文とレポートの違い

感想文		レポート
感じたままを表現する	内容	「主張」とそれを支える「根拠」を述べる
主観的・個人的に	視点	客観的・一般的に

高校までの課題で，調べたことを「事実」としてまとめる「調べ学習」もあるが，大学のレポートでは，調べて分かった事実を「根拠」として，自分の意見を「主張」しなくてはならない。

ゼミ発表ってどんなもの？

ゼミのテーマに関する文献を読んだり，自ら調べたりして，考えたことを口頭で論理的に説明するのが「ゼミ発表」です。ゼミ発表には，大きく分けて「文献発表」と「自由発表」の2種類があります。

■ゼミ発表の種類

文献発表	自由発表
決められた文献の内容を主題として発表する。	自分の問題関心を主題として発表する。

ゼミ発表はレポートと似ている!?

　ゼミ発表をするには，形式（日時・持ち時間，使える設備など）を確認したり，**レジュメ**▶を作ったり，質疑応答に備えたりする必要があります。しかし，取り上げるテーマを決め，問いを立て，主張と根拠を提示し，構成を考えるという点ではレポートと同じです。

▶レジュメ
内容を要約したプリント。レジメともいう。

 ## 情報収集と提示の仕方は要注意!?

　根拠となる事実を拾い集める際，書籍以外にも新聞やインターネットなどさまざまなメディアから収集することができます。ただ，情報の扱いには注意が必要です。**信頼できない情報**▶は提示できません。提示できる場合でも**引用元**▶を明示しないと，引用ではなく盗用（剽窃（ひょうせつ））になり，不正行為と見なされます。

▶信頼できない情報
嘘の情報や検証が不十分な情報，客観性のない情報のこと。

▶引用元
引用とはほかの人の言葉や文章を借りてくることで，引用元はその言葉や文章が載っている元の本や雑誌などのことをいう。

 ## フィールドワークをしてみよう！

　情報を得る手段として，既存のメディアを参照する以外にもフィールドワークという方法があります。「現地調査」とも訳される用語で，調査したい事柄が実際に行われている現場に出向いて直接話を聴いたり，その場で行われていることを見て書き留めたりします。五感で多くのことを知ることができる反面，話をどう聴くか，現場の方との人間関係をどのように築くか，行われていることをどう切り取るか，どこまでが書いてもよいことかなど，さまざまなことに配慮する必要があります。「実習」形式の授業でも，フィールドワークを行うことがあります。

CHECK！

TOPIC 5 の文章を読んで，次の問題に答えましょう。

問1 正しいものに〇，誤っているものに✕を入れましょう。
(1) ☐ レポートとは調べたことを自由に書いたものである。
(2) ☐ レポートには決まった形式がある。
(3) ☐ ゼミ発表には文献発表と自由発表がある。
(4) ☐ 主張と根拠を提示する点でゼミ発表とレポートは似ている。
(5) ☐ 引用したら引用元を明示しなくてはならない。
(6) ☐ 書籍と新聞は常に信頼できる情報である。
(7) ☐ フィールドワークで実際に見たことなら何を書いてもよい。

問2 情報を収集して提示する際，何に気をつけなければいけませんか。2つ書いてください。

・ _____

・ _____

問3 フィールドワークしてみたい場所や，話を聴いてみたい人を書いてください（複数記入可）。

_____

_____

_____

レポートと
ゼミ発表の作法

 引用について知っておきたいこと

「引用」とはほかの人の言葉や文章を借りてくることです。「レポートにほかの人の文章を載せてもいいの？」と意外に思うかもしれませんが，適切な引用はそのテーマについてよく調べたことの証拠になります。

ただし，その部分がほかの人の文章であることを必ず示さなくてはなりません。通常，「　」でくくって区別します。「　」のあとには，著者名，発表年，ページなどを（　）でくくって示し，引用元が分かるようにします。

 聞き手の心得

ゼミ発表は，聞く人がいてはじめて成り立ちます。発表のあとに質疑応答の時間が設けられることが多いので，質問することがないか，メモをとりながら聞きましょう。いい質問をすると議論が活発になります。

人の話を聞いて理解することは，とても難しいことです。発表者がいちばん言いたいことは何かを考えながら，集中して聞く必要があります。

CHECK！　問1の解答　(1) ✕　(2) ◯　(3) ◯　(4) ◯　(5) ◯　(6) ✕　(7) ✕

TOPIC 6 大学の試験ってどんなもの？

大学の定期試験

　大学にも定期試験があり，学期の終わりに試験期間が設けられています。高校までと同じような「筆記試験」のほかに，「レポート試験」があります。

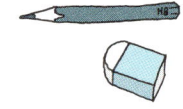

::試験の種類

筆記試験	レポート試験
試験時間内に答案を作成する。	レポートを書き，期日までに提出する。

筆記試験も高校までとは違う！

　高校までの筆記試験は「知識確認型」で，授業で習ったことを覚えているかどうかを確認するものが中心でした。大学の筆記試験は「論述型」で，授業で学んだことを用いて，どう考察するのかが問われます。

::試験問題の例

問　「広告」の利害について考察せよ。
問　「マス・メディア」とは何かを説明した上で，マス・メディアの社会的責任について論じなさい。

問題が1題だけのことも。

ノートや教科書を持ち込んでもいい!?

　高校では考えられませんが，試験に「自筆ノート」や「教科書」の持ち込みが認められていることがあります。「持ち込み可」の試験は，細かな知識よりも考察や論述が重視されているということなので，簡単というわけではありません。

レポートはどうやって評価されるの？

　筆記試験ではなく，レポートによって成績評価をする授業もあります。主張・根拠が十分か，与えられたテーマに即したものかという内容面はもちろん，提出の期限や方法に不備がないか，誤字脱字がないかなどの形式面も評価対象となります。

成績評価の仕方もいろいろ

　成績評価の方法は授業によって違います。学期末試験の結果だけで評価する授業もあれば，出席状況や小テストなどの平常点を加える授業もあります。「不可（D）」になると，その授業の単位は取得できません。

成績のつけ方の例

優（A）	100〜80点
良（B）	79〜70点
可（C）	69〜60点
不可／不合格（D）	59点以下

成績評価基準の例

大人数講義など
筆記試験 100％

語学（外国語）など
筆記試験 60％
平常点 40％（出席，小テスト）

ゼミなど
レポート試験 70％
平常点 30％（ゼミ発表）

少人数講義など
レポート試験 80％
平常点 20％（小レポート）

入門ゼミなど
平常点 100％（出席，課題提出，授業参加度）

平常点は出席点と違うの？

　平常点はふだんの授業態度や出席に対する評価というイメージをもつかもしれませんが，ゼミでは発表や参加度が大きな要素を占めます。自分の発表はもちろんのこと，他の人の発表に対しても積極的に意見を言ったり質問をしたりして，全員でゼミを盛り立てるという姿勢が求められます。

CHECK!

TOPIC 6 の文章を読んで，次の問題に答えましょう。

問1　正しいものに〇，誤っているものに×を入れましょう。
(1)　[〇×]　大学の筆記試験では主に，どう考察するのかが問われる。
(2)　[〇×]　大学の筆記試験では，授業で学んだことは必要ない。
(3)　[〇×]　大学の筆記試験では，問題が1題だけの場合もある。
(4)　[〇×]　レポートは，内容面と形式面の両方で評価される。
(5)　[〇×]　ふだんの授業で，小テストを行う授業もある。
(6)　[〇×]　大学では，出席が評価されることはない。
(7)　[〇×]　平常点とは，出席点のことである。

問2　あなたの大学では，何段階で成績が評価されますか。

　_____ 段階

問3　ノートや教科書の持ち込みが認められる試験においては，どのようなことが重視されていますか。2つ書いてください。

　・_____

　・_____

試験の結果が悪くて単位が取れなかったら，留年になるの？

A 留年というのは，卒業に必要な単位を満たさなかったり，必修科目の単位を取れなかったりして，4年で卒業できないことをいいます。4年間で必要な単位を取ればよいので，少し単位を落としたぐらいでは留年にはなりません。翌年，同じ授業を受け直すこともできますし（再履修），必修科目でなければ，ほかの授業の単位で穴埋めすることもできます。ただし，1，2年次に一定の単位数と成績を収めていないと，次の学年に進級できず，留年が決まってしまう大学もあります。

1回も授業に出なくても単位が取れる授業があるって聞いたけど…。

A 高校まではふつう，授業の最初に出席をとりますが，大学の場合は先生次第です。出席をとらず，学期末試験だけで成績評価を行う授業では，学期末試験でいい点数を取りさえすれば，授業に一度も出ていなくても単位が取れる可能性があります。しかし，勉強は自分のためにするものです。大学では，授業への出席も，自発性にゆだねられているのです。「単位の取りやすさ」よりも，自分の興味のあるものにやる気をもって取り組むのがいちばんです。

CHECK！ 問1の解答　(1) ○　(2) ✗　(3) ○　(4) ○　(5) ○　(6) ✗　(7) ✗

TOPIC 7 大学の先生ってどんな人？

大学の先生はみんな大学教授？

　大学の先生は，研究の業績や立場などに応じて，「教授」，「准教授」，「講師」といった，さまざまな肩書きをもっています。「大学の先生＝教授」というわけではありません。それぞれに専門の研究分野をもっていて，先生であると同時に研究者でもあります。

大学の先生は専門家

　高校では，日本史の先生であれば，古代から現代まで全体を通して教えますが，大学の先生は，「明治維新史」や「近世の生活文化史」のように，細かい専門分野をもっています。学生も，3年生以降はこれらの先生のもとで専門分野について深く学び，研究していきます。

高校までの先生は，教諭免許を取得して先生になっているが，大学の先生は，研究の業績が認められて先生になっている。

専門を学ぶことで身につくこと

　必ずしも研究者になるわけではない学生が，専門分野について研究する意味は何でしょうか？　研究というのは，自分で問題を設定し，自分なりの仮説を立て，自分で調べ，自分なりの答えを出すことです。研究者である先生のもとで専門の勉強をすると，こうした「自ら学ぶ姿勢」や「自ら学ぶ技術」が身につきます。これらは，社会に出たときにも必要とされるものなのです。

なんて呼びかけたらいいの？

大学の先生にはいろいろな肩書きがありますが，呼び方を区別する必要はありません。みんな「先生」と呼びかければ大丈夫です。

 ## 先生はふだんどこにいるの？

高校までは職員室があり，そこに先生の席があったと思いますが，一般的に，大学には職員室がありません。大学の先生は，「研究室」と呼ばれる私室をもっています。先生に用事があるときは，研究室を訪ねます（外部から講師として来ている先生は，研究室をもっていない場合があります）。

学生（学部生・大学院生）が共同で使える研究室もある。

 ## いつでも研究室を訪ねていいの？

多くの大学では，学生が気軽に研究室を訪ねられるよう，オフィスアワーという専用の時間を，先生ごとに設けています。この時間は，学生の質問や相談に応じるために，先生は研究室に在室しています。この時間以外でも，**アポイントメント**▶をとれば，応じてもらえます。大学の先生も，学生の意欲のある質問を，歓迎してくれます。

▶アポイントメント
面会の約束のこと。

CHECK!

TOPIC 7の文章を読んで，次の問題に答えましょう。

問1　正しいものに〇，誤っているものに✕を入れましょう。
(1)　☐　大学の先生には，さまざまな肩書きがある。
(2)　☐　教員には，「〇〇教授」と呼びかける。
(3)　☐　大学生は，専門家である先生のもとで学ぶ。
(4)　☐　大学の先生は，授業時間以外はみんな職員室にいる。
(5)　☐　オフィスアワーは先生が仕事をするための時間である。
(6)　☐　研究室は先生の私室なので，ふつう学生は訪ねない。
(7)　☐　アポイントメントは，先生からの呼び出しのことである。

問2　入門ゼミや少人数クラスの授業などで，密に接することの多い先生の研究室はどこにありますか。建物の名前と階を書いてください。

_____　先生：_____　の ___ 階

_____　先生：_____　の ___ 階

_____　先生：_____　の ___ 階

_____　先生：_____　の ___ 階

授業を休むときは誰に言ったらいいの？

A 大学では，授業を休むのも自由です。風邪などで休む場合でも，大学に連絡する必要はありません。とはいえ，休んだ授業の内容は先生や友だちに確認して補足しないと，自分があとから困ることになります。また，ゼミ発表などの担当になっている場合は，休むと授業の予定が狂って迷惑がかかります。万が一，休む場合は，できるだけ早く，担当の先生に連絡をしましょう。出席をとる授業や，小テストのある授業で休むと，当然成績に響きます。その場合でも，公欠や忌引きであれば，届けを出すことで，通常，欠席扱いにはなりません。

大学生になったら，自分のパソコンは必要？

A レポートや発表用のレジュメを作る機会の多い大学生にとって，パソコンは必需品です。レポートなどでは，手書きが認められない場合もあります。大学には，学生が自由に使える共用のパソコンがあるので，買わなくてもなんとかなりますが，やはり自宅にある方が便利です。学年が上がるにつれて，就職活動や卒業論文作成などで，ますます利用度が増していきます。入学時から自分専用のパソコンは持たなくても，必要なときに使える環境は確保した方がよいでしょう。

CHECK！ 問1の解答 (1) ○ (2) × (3) ○ (4) × (5) × (6) × (7) ×

TOPIC 8 課外活動には何がある？

クラブとサークルは違うもの？

　大学にも，高校までと同じように，クラブ活動があります。おなじみの「〇〇部」以外にも，「××サークル」もあります。クラブは大会に参加するような真剣なもの，サークルは気の合う仲間同士の集まり，といったイメージがありますが，明確な定義があるわけではなく，区別していない大学もあります。どちらも学生が主体となって運営しており，同じスポーツのクラブ・サークルが複数あることも珍しくありません。高校では考えられませんが，他大学の学生でも参加できる，クラブ・サークルもあります。一方，サークルに見せかけて近づいてくる**カルト**▶のような組織もあるので，おかしいと思ったら勧誘を断りましょう。

クラブ・サークル活動

▶カルト
反社会的な集団。一般に，親身で好意的な態度で親密な関係を築くことで，断りにくい状況を作ってから勧誘する。セミナーや合宿に誘って，集中的に説得することも多い。いったん取り込まれると，友人や家族との接触を禁じられることもある。

ボランティア活動ってどんなもの？

　ボランティア活動とは，無償で人や組織，社会に奉仕する活動をいいます。東日本大震災では，多くの学生ボランティアが復興活動に参加しました。災害復興活動以外にも，福祉施設や開発途上国での支援活動から学内イベントの手伝いまで，ボランティア活動にはさまざまなものがあります。お金をもらわないからこそできる活動は多いですが，一方で単に無償の労働力として悪用する組織もあるので注意が必要です。まずは大学のボランティアセンターなど，ボランティア情報を扱う窓口に相談してみましょう。

ボランティア活動

アルバイトの心得

アルバイトをすると給料を得ることができますが，時刻を守り，規則に従って働かなくてはなりません。アルバイトであっても，労働者としての責任を果たすとともに，法律で定められた勤務時間の制限や最低賃金といった保障を受けることができます。

 ## 学業との両立を忘れない！

「文武両道」を実践するため，既定の単位を既定の年限に取得しなければ活動を停止させられるという体育系クラブもあります。クラブ・サークルだけでなく，ボランティアやアルバイトに打ち込んで関心の幅を広げることは，大学時代の貴重な経験ですが，学業を妨げないようにバランスをとる必要があります。

 ## 春休み・夏休みを利用する！

大学には，2ヵ月ほどの長い春休みがあります。さらに，夏休みも同じぐらい長いことがふつうです。この長期休暇を利用して，ボランティアやアルバイトをすることができます。もちろん，海外への短期留学やホームステイをすることもできます。

CHECK!

TOPIC 8の文章を読んで，次の問題に答えましょう。

問1　正しいものに〇，誤っているものに✕を入れましょう。

(1) ［〇 ✕］　クラブは先生，サークルは学生が主体となって運営される。
(2) ［〇 ✕］　他大学の学生が参加できるクラブやサークルもある。
(3) ［〇 ✕］　カルト集団はサークルを装って勧誘することがある。
(4) ［〇 ✕］　ボランティア活動とは無償で奉仕することである。
(5) ［〇 ✕］　アルバイトの場合，最低賃金は考慮されない。
(6) ［〇 ✕］　課外活動は大学での貴重な経験なので学業より重要である。
(7) ［〇 ✕］　大学の春休みはふつう，2ヵ月ぐらいある。

問2　あなたの大学で，ボランティアを紹介する部署／係の名前は何ですか。またその部署／係はどの建物にありますか。建物の名前を書いてください。

部署／係名 _____　　建物名 _____

問3　あなたが所属する／所属したいクラブ・サークルで，単位取得に関する規則はありますか。ある場合は，具体的な年限や単位数を書いてください。

ある　　　ない

（ある場合）

_____年生終了までに_____単位取らなければならない

Q9 クラブやサークルはどうやって選んだらいいの？

A 大学では，入学手続きや入学式のときに，多くのクラブやサークルが新入生を獲得しようと，声をかけたり宣伝ビラを配ったりします。面白そうなものや似たようなものが複数あると，どうしても迷ってしまいます。新入生向けのクラブ・サークル紹介イベントが多くの大学で開催されるので，それに参加するのがよいでしょう。また表立って勧誘活動を行っていなくても，単に人数が少なくて勧誘活動をあきらめているだけかもしれません。気になるクラブ・サークルがあれば，まずは気軽に訪ねてみましょう。

Q10 お金がなくて困っています…。

A 大学生になると行動範囲が広がり，交際費にもお金がかかります。授業料や教科書代を自分で払う学生にとってはなおさらです。ただし，大学ではお金を稼ぐことが目的ではありません。アルバイトに時間を費やしすぎないようにしましょう。学業に関していえば，授業料免除制度や奨学金などさまざまな支援制度があります。交換留学や公費留学制度など，費用があまりかからない留学方法もあります。地域の公共図書館にはほとんどなく，値段も高い学術書が，大学図書館にはたくさんあります。学ぶための環境こそが大学生の最大の財産なのです。

CHECK! 問1の解答 (1) ✕ (2) ◯ (3) ◯ (4) ◯ (5) ✕ (6) ✕ (7) ◯

TOPIC 9 キャンパスライフを楽しむ

友だちを作ろう！

入学時は，周りに知っている人がいなくて不安に思うかもしれません。でも，ほかの人も状況は同じなので，積極的に声をかけてみましょう。1年次に行われることが多い基礎ゼミや入門ゼミは少人数なので，ゼミ生同士，自然と仲良くなります。クラブ・サークル活動など，出会いのチャンスはほかにもあります。

先輩が頼りになる！

先生は大学生活のことを手取り足取り教えてくれません。しかし，親しい先輩がいれば，大学生活のことから先生やゼミの特徴，定期試験の対策法まで，いろいろ教えてもらえるでしょう。クラブ・サークル以外にも，大学は他学年の人と一緒になる授業も多いので，先輩と親しくなるきっかけも多いといえます。

先輩に聞いてみよう。

学生同士で協力する！

学習環境の改善やグラウンドの平等な割り当てなど，学生が協力してはじめて実現することがあります。そのような活動をする団体として，学生の要望や意見を集約する自治会，体育系のクラブ同士の調整をする体育会，文化系の文化会などがあります。また**大学祭**▶では，学生の実行委員が中心になって，毎年企画を考えます。大学では，授業以外にも，学生自身が考え，協力し，運営することがあります。

▶**大学祭**
大学のお祭り。「学園祭」ともいう。講演会・コンサートなども行われ，一般の人も参加できる。

学生食堂は社交の場

学生食堂（学食）は，値段が安い上にメニューが豊富で，バランスのよい食事をとることができます。営業時間も長く，朝から晩まで開いています。最近では，カフェがある大学も増えています。ホームルームがない大学では，学生食堂は友だち同士が集まる場でもあります。先生が利用することも多く，仲良くなるチャンスがあるかもしれません。

キャンパス内で異文化交流できる!?

大学では，留学生や**社会人学生**▶など，これまでほとんど一緒に学ぶ機会のなかった人たちと学ぶ機会があります。留学生からすると，同じ大学の日本人学生は最も身近な日本人です。大学生活を送る上で，信頼できる日本の友人ほど心強いものはないでしょう。ともに過ごす時間をもって交流を深めることは，日本人学生にとっても，さまざまな価値観を肌で理解する貴重な経験になります。

留学制度が充実！

長期休暇を利用した短期留学のほかにも，大学を**休学**▶して半年や1年の留学をすることもできます。留学先で得た単位や語学学校でのプログラム修了が，所属大学の単位として認められる制度もあり，**留年**▶することなしに留学できる場合もあります。

▶社会人学生
企業などで社会生活を送ったあと，大学で学ぶことを希望して入学した学生。通常，一般入試とは別の試験，別の募集枠がある。

▶休学
許可を得て，大学に在籍したまま，一定期間，大学を休むこと。

▶留年
卒業に必要な単位数を満たさなかったり，必修科目の単位を落としたりして，4年で卒業できないこと。

CHECK!

TOPIC 9 の文章を読んで，次の問題に答えましょう。

問1　正しいものに○，誤っているものに✕を入れましょう。
(1) ☐ 大学では，他学年との交流がほとんどない。
(2) ☐ 体育系のクラブ同士の調整をするのは自治会である。
(3) ☐ 学生食堂は，ランチタイムのみの営業である。
(4) ☐ 学生食堂のほかに，カフェがある大学もある。
(5) ☐ 大学では，留学生や社会人学生と一緒に学ぶ機会がある。
(6) ☐ 留学先で得た単位は，所属大学の単位にはならない。
(7) ☐ 大学を休学すると，留学できない。

問2　あなたの大学の学生食堂はどこにありますか。簡単な地図を描いてください。

Q11 ひとり暮らしの食事はどうしたらいいの？

A 料理の苦手な人がバランスの良い食事をするには，学食が便利ですが，毎日だと飽きるかもしれません。お金の余裕もないかもしれません。たまには，インターネットや料理本を見ながら安い材料で作れる料理に挑戦したり，友人を呼んで何人かで一緒に食べたりするのもいいでしょう。また，1度に3食分くらいご飯を炊いて，小分けして冷凍保存しておき，食べるときに電子レンジで解凍すれば手間をかけずに食べられます。おかずは近所のスーパーで惣菜を買うという方法もあります。食材や惣菜には，賞味期限と消費期限があります。賞味期限が少々過ぎても食べられますが，消費期限は安全性を保証する期限なので，過ぎてしまわないよう特に注意しましょう。

Q12 大学生活を有意義に過ごすコツは何ですか？

A 大学では，何を学ぶかも，どう過ごすかも，自分で決めることができます。勉強やクラブ・サークル活動以外にも，海外留学やボランティアなど，興味をもったことにどんどんチャレンジしてみるとよいでしょう。大学の4年間は，あっという間です。みなさんの大学生活が，充実した楽しいものになることを願っています。

CHECK！ 問1の解答　(1) ✕　(2) ✕　(3) ✕　(4) ○　(5) ○　(6) ✕　(7) ✕

TOPIC 10 キャンパスライフを守る

ハラスメントに気をつける

　ハラスメントとは「嫌がらせ」を意味します。性差別的な言動によるセクシャル・ハラスメント（セクハラ）や，教員がその立場を利用して行うアカデミック・ハラスメント（アカハラ）などがあります。セクハラでは，容姿や恋愛経験についての発言や，「男のくせに」といった言動も問題になります。ハラスメントをひとりで我慢しないとともに，自分の言動が相手に不快感を与えていないかにも気を配りましょう。

飲酒の強要は厳禁！

　20歳未満の飲酒は違法です。成年であっても，飲酒が過ぎるとアルコール中毒で死に至ることもあります。適量を守り，絶対に人に飲酒を強要してはいけません。このような嫌がらせをアルコール・ハラスメント（アルハラ）といいます。

交際は人格を尊重して

　「デートDV」という言葉があります。「DV」は「Domestic Violence」の略で夫婦間暴力を指します。これに対し「デートDV」は交際する男女間の暴力をいい，身体的暴力だけでなく，言葉の暴力や無視，相手のメールのチェックや服装の強制，避妊に協力しないことなども含みます。人格を尊重して，素敵な関係を築いてください。

悪質商法ってどんなもの？

　悪質商法とは，違法または不当な手段を用いた商売のことです。いろいろな手口がありますが，訪問販売やキャッチセールスは，考える暇も与えずに高額商品を売りつけようとするものです。マルチ商法は，「ある商品を販売しながら会員を増やせば報奨金がもらえる」などと言って，会員に大量の商品を買わせる商法です。誘いに乗らないのが一番ですが，契約してしまったときは**クーリング・オフ**で解約しましょう。

▶クーリング・オフ
訪問販売などで申し込んだ契約を，一定期間内であれば無条件に解除できる制度。

ブログとSNSの落とし穴

　ブログやSNSは，インターネット上で日記や写真，プロフィールや「つぶやき」を手軽に公開できる便利なツールとして広く利用されています。ただし，安易に友人との行動や写真を公開すると，友人のプライバシーを侵害することにもなりかねません。インターネット上の情報は，誰もが見られるものであるということを十分意識する必要があります。

著作物や建物，他人の写真を無許可で載せることも，著作権や肖像権を侵害することになる。

大学の相談窓口を利用する

　入学当初は大学生活に慣れておらず，「自分だけついていけない」と感じることがあるかもしれません。慣れてきても，大学生活ではさまざまなトラブルに直面したり，心身の健康に不安を感じたりすることがあるでしょう。そんなときは，信頼できる人への相談はもちろん，学生相談室や保健管理センターなど必要に応じてさまざまな大学の相談窓口を利用しましょう。

「自分はどんな人間か」など，簡単に答えが出ない悩みに直面したときは，読書や旅行などに時間をかけてみるのもお勧め。

CHECK!

TOPIC 10 の文章を読んで，次の問題に答えましょう。

問1　正しいものに〇，誤っているものに✕を入れましょう。
(1)　◯✕　「嫌がらせ」のことをハラスメントという。
(2)　◯✕　「男のくせに」といった言動はセクハラに当たる。
(3)　◯✕　20歳を過ぎた相手なら飲酒を強要してもよい。
(4)　◯✕　「デートDV」は身体的暴力だけを指すわけではない。
(5)　◯✕　悪質商法にだまされて契約すると絶対に解約できない。
(6)　◯✕　ブログやSNSの更新は，ほかの人への配慮を必要とする。
(7)　◯✕　健康に不安を感じても大学では決して解決できない。

問2　あなたの大学で，ハラスメントに関する相談窓口は何という名前ですか。またどの建物にありますか。

　　相談窓口名 _____　建物名 _____

問3　ハラスメント以外の大学の相談窓口には，どんなものがあり，それはどの建物にありますか。

　　（ハラスメント以外の）

　　相談窓口名 _____　建物名 _____

　　相談窓口名 _____　建物名 _____

　　相談窓口名 _____　建物名 _____

Q13 身に覚えのない請求がきました！

A 架空請求は，有料サイト利用料などの名目で請求書を送りつけ，金銭をだまし取る詐欺です。メールやウェブページのリンクをクリックすると有料サイトに登録したことにされる，ワンクリック詐欺も同種です。不用意に返信すると，かえって標的にされることがあります。誤ってリンクをクリックしただけでは支払い義務は生じないので，身に覚えのない請求は無視しましょう。悪質な場合は消費生活センターや警察に相談しましょう。

Q14 何だかやる気が出ません…。

A 大学生活は，レポートやコンパなどで，不規則になりがちです。リズムが乱れると，集中力ややる気に影響します。毎朝，決まった時間に起きて，ご飯をしっかり食べ，大学に行くというリズムを作りましょう。ひとり暮らしを始めた人は，特に気をつけてください。それでもだるさを感じたら，学内の診療所などで受診してみましょう。

CHECK！ 問1の解答 (1) 〇 (2) 〇 (3) ✕ (4) 〇 (5) ✕ (6) 〇 (7) ✕

TOPIC 11 卒業までに学んでおきたいこと

大学で学べるのは貴重なこと

　日本で大学に進学する人は，同年代の約半分です。4年間学べる時間をもてるというのは，貴重なことなのです。資格取得のために専門的な勉強をすることもできますし，世界のあらゆることを研究の対象として詳しく調べることもできます。

大学で資格を取る！

　職業によっては，資格が必要なものがあります。そのうち，学校教諭免許，司書（図書館員の専門資格），学芸員（博物館や美術館での専門資格）などの資格は，大学で所定の単位を取得しないと得られません（大学・学部によって，取れる資格は異なります）。時間割を決めるときにも関係するので，自分にとってこれらの資格が必要かどうか，考えておきましょう。

資格は就職に有利!?

　資格と言ってもさまざまで，ある職種にとって必須のものもあれば，もっているだけではあまり役に立たないというものもあります。学生の間に取得を目指して勉強するのもよいですが，周りに流されるのではなく，将来にどう役立てたいのかを考えることが重要です。

■■資格の例
語学検定
英検，TOEIC，TOEFL
パソコン検定
マイクロソフトオフィススペシャリスト（MOS）
簿記検定
日商簿記検定

❁ 日常生活の「なぜ」を大事にする

　大学での学びは，日常生活の疑問や違和感に刺激されて深まっていきます。ふだんから「なぜ○○なのか」と考えることがなければ，レポートなどでの「問いの設定」は難しいものとなるでしょうし，なんとか問いを設定できても，それを調査していくモチベーションはなかなか上がりません。ゼミで他の人が発表することにも関心を持てず，議論がかみ合わないかもしれません。大学生活では，ふだんやっていることと同じくらい，ふだん考えていることが大切なのです。

疑問を突き詰めることが重要！

❁ 卒論は大学での学びの集大成

　大学での学びの成果として，通常，卒業論文や卒業制作が課されます。「最後まで作り上げる」という経験は，何物にも代えがたい大きな経験となるはずです。就職活動など目の前の忙しさで不満足なものとならないよう，早めに準備しましょう。何から手を付けてよいか分からない人には，新書など手軽に読める本から読んでみることをお勧めします。また，ゼミ以外でも先生に相談するなどして，方向性を見失わないようにしましょう。

❁ 卒論は提出して終わりじゃない!?

　卒論の提出後は，口頭試問が行われます。内容を客観的に紹介し，先生の質問に的確に答えましょう。ゼミの担当の先生だけでなく別の先生が入ることもあります。また，口頭試問とは別に，ゼミ生全員の前で行う「卒論発表会」が行われる学部や学科もあります。

CHECK!

TOPIC 11 の文章を読んで，次の問題に答えましょう。

問1　正しいものに〇，誤っているものに✕を入れましょう。
(1)　☐　日本で大学に進学する人は，約80％である。
(2)　☐　大学で授業を受けないと，取得できない資格がある。
(3)　☐　在学中は，所属学部に関連した資格しか取得できない。
(4)　☐　資格はもっているだけでどんな職種でも役に立つ。
(5)　☐　日常生活で考えたことは，大学での学びにも有益だ。
(6)　☐　卒論では手軽に読める新書から手を付けてもよい。
(7)　☐　卒論の口頭試問には，ゼミの担当の先生は参加しない。

問2　あなたの大学（学部）で取れる資格のうち，あなたが関心のあるものを書いてください。

_____

問3　あなたの大学（学部）には卒業論文や卒業制作が課されていますか。課されていれば，どんなテーマにしたいと思いますか。

課されている　　　課されていない

（課されている場合）

テーマは _____

大学でのメールのマナー

レポートの提出や研究室訪問のアポイントメントなどのために先生にメールを送るときは，マナーに気をつけましょう。

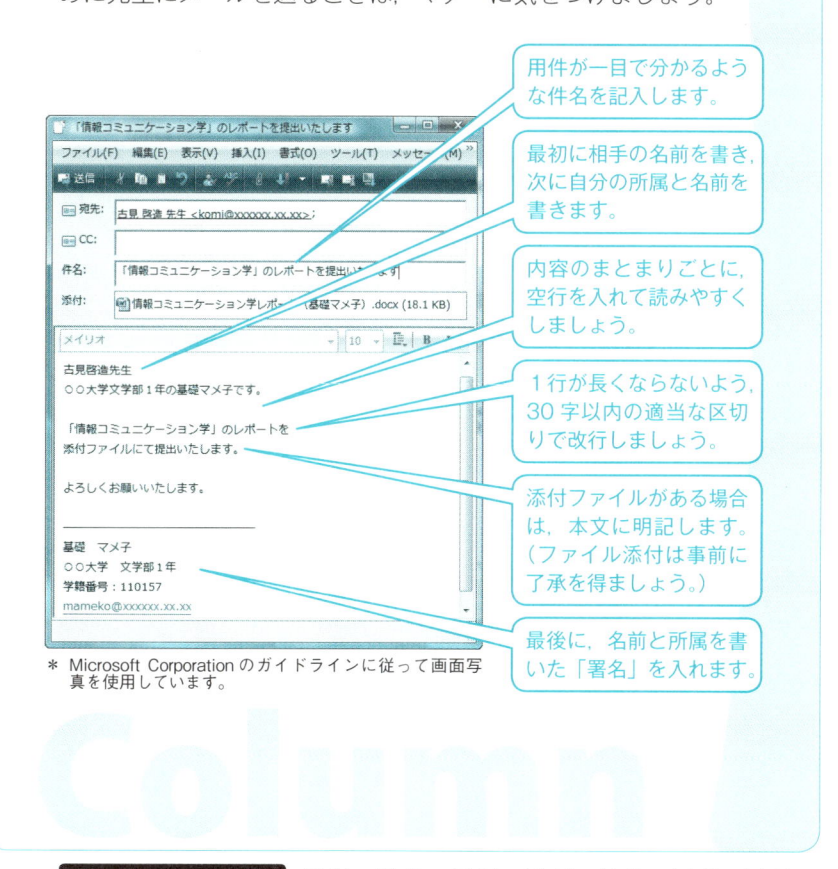

- 用件が一目で分かるような件名を記入します。
- 最初に相手の名前を書き，次に自分の所属と名前を書きます。
- 内容のまとまりごとに，空行を入れて読みやすくしましょう。
- 1行が長くならないよう，30字以内の適当な区切りで改行しましょう。
- 添付ファイルがある場合は，本文に明記します。（ファイル添付は事前に了承を得ましょう。）
- 最後に，名前と所属を書いた「署名」を入れます。

* Microsoft Corporation のガイドラインに従って画面写真を使用しています。

CHECK！ 問1の解答 (1) ✕ (2) ○ (3) ✕ (4) ✕ (5) ○ (6) ○ (7) ✕

TOPIC 12 将来のこと

大学を卒業したらどんな道があるの？

卒業後は多くの人が就職しますが，留学する人や大学院に進む人もいます。専門的な職種につくため，さまざまな活動をしながら当分アルバイトで収入を得る人や，希望の会社に入れず**就職浪人**▶する人もいます。

▶**就職浪人**
新卒時に就職先が決まらず，次年度以降にも就職活動を行うこと。

大学院ってどんなところ？

学部での研究をさらに深めたいと思ったら，大学院を受験します。大学院には，修士課程（2年間）と，さらにその上の博士課程（3年間）があります。大学院は多くの大学に設置されていますが，卒業大学とは違う大学院を受験することもできます。

就職活動って何から始めるの？

卒業後に一般の企業に就職する場合，就職活動を行います。**就職情報サイト**▶に登録して資料を請求したり，企業説明会に参加したりして志望企業を絞っていきます。**エントリーシート**▶の提出や，筆記試験・面接試験を経て，**内定**▶を得ます。大学は，採用試験対策やビジネス・マナーの講座を開いたり，相談に乗ったりするなど，学生の就職活動をサポートしてくれます。キャリアセンターにはさまざまな企業の資料や大学の OB・OG の情報もあります。

▶**就職情報サイト**
企業の採用情報が得られるインターネットサービス。

▶**エントリーシート**
企業が用意する，専用の求人応募書類。

▶**内定**
企業が採用を決定すること。

リクルートスーツを着て，企業説明会や面接試験に臨む。

インターンシップって何？

インターンシップは，在学中に企業などで就業体験をすることです。長期休暇中に参加するのがふつうです。業種や職種による具体的な仕事内容を知ることができるので，就職活動に役立てることができます。

■業種と職種の違い

業種	職種
どんな商品やサービスを提供しているかを示すもの	「技術職」「営業職」「事務職」といった仕事の種類を示すもの

働くことについて考える

多くの大学では，1年生のときから**キャリア教育**が行われます。自分自身について見つめ直し，1年生のうちから目標を定めることで，学生生活を充実したものにすることが目的です。また最近では，**労働法**を無視して，サービス残業をさせたり，過労死するまで働かせたりする企業の存在が社会問題になっています。学生のうちに労働法の内容を少しでも知っておけば，雇用契約の内容を確認したり，ハラスメントに対処したりできます。キャリア教育とは別に，一般教養の授業などで履修できる大学もあります。

▶キャリア教育
将来の進路を自分で選択・決定する能力や，社会人として自立するために必要な能力を養うための教育。

▶労働法
労働に関する法律の総称。代表的なものに，労働基準法，労働組合法，労働関係調整法があり，これらを労働三法という。ほかにも，男女雇用機会均等法，最低賃金法などがある。

可能性を広げよう！

自分や社会について知る機会にあふれている大学時代は，将来のことを考えるのに絶好の時期です。さまざまなことに挑戦し，自分の可能性を大きく広げてください。

CHECK!

TOPIC 12 の文章を読んで，次の問題に答えましょう。

問1　正しいものに〇，誤っているものに✕を入れましょう。
(1) 　〇✕　　大学院には，修士課程4年と博士課程4年がある。
(2) 　〇✕　　一般企業の就職活動では，インターネットが活用される。
(3) 　〇✕　　採用試験では，通常，筆記試験や面接試験が課される。
(4) 　〇✕　　就職活動では，大学がサポートしてくれることはない。
(5) 　〇✕　　キャリアセンターには，さまざまな企業の資料がある。
(6) 　〇✕　　インターンシップとは，在学中の就業体験のことである。
(7) 　〇✕　　キャリア教育では，大学での学び方を教わる。

問2　あなたの大学のキャリアセンターはどの建物の何階にありますか。

＿＿＿＿＿＿＿＿＿＿＿＿＿＿＿　の　＿＿＿　階

問3　あなたは将来どんな仕事をしてみたいと思いますか（複数記入可，業種を書いても職種を書いてもかまいません）。

＿＿＿＿＿＿＿＿＿＿＿＿＿＿＿＿＿＿＿

＿＿＿＿＿＿＿＿＿＿＿＿＿＿＿＿＿＿＿

＿＿＿＿＿＿＿＿＿＿＿＿＿＿＿＿＿＿＿

企業が採用したい学生とは？

✨ さまざまな人と交流しよう！

　採用活動を行う企業が重視することとして，各種調査で毎年上位に挙がる能力の1つに「コミュニケーション能力」があります。会社では（取引先企業を含め）さまざまな年代・利害関係の人とコミュニケーションを取らなくてはなりません。仲間内には通じる話でも，社会に出るとそううまくいかないことがあります。大学生という出会いの多い時期に，さまざまな人と交流しましょう。

✨ 充実した大学生活を送る！

　採用試験の面接では，「学生時代に力を入れたこと」について，よく聞かれます。取り繕うのではなく自分自身のことをありのままに伝えなければ，なかなか信用されません。学生生活は，就職活動のためのものではありませんが，研究でも課外活動でも，興味のあることに本気で取り組み，充実した時間を過ごせば，ありのままの自己紹介が企業の人の目にも魅力的に映るでしょう。

CHECK！　問1の解答　　(1) ✗　(2) ○　(3) ○　(4) ✗　(5) ○　(6) ○　(7) ✗

大学用語集

あ

インターンシップ
【いんたーんしっぷ】

学生のうちに，企業で働くという体験ができる制度。基本的に給料は支払われないが，払われる場合もある。大学によっては，単位として認められるところもある。
→ TOPIC 12

SPI
【えすぴーあい】

就職試験で企業が実施する筆記試験の一種。基礎的な学力テストと適性検査から成る。
⇨就職活動【しゅうしょくかつどう】

演習
【えんしゅう】
⇨ゼミ【ぜみ】

エントリーシート
【えんとりーしーと】

企業が用意する，専用の求人応募書類。学歴・資格欄のほかに，独自の質問項目が設けられている。主に志望動機や自己PRについて聞かれ，第一次選考の対象になることが多い。
→ TOPIC 12
⇨就職活動【しゅうしょくかつどう】

OPAC
【お（ー）ぱっく】

インターネットを通じて，図書館の蔵書検索ができるシステム。Online Public Access Catalog の略。大学によって，独自の名称がつけられていることがある。

オフィスアワー
【おふぃすあわー】

学生の質問や相談に応じるために，先生が研究室にいる時間のこと。この時間は，アポイントメントなしに，気軽に研究室を訪問することができる。
→ TOPIC 7

オープンキャンパス
【おーぷんきゃんぱす】

受験生に大学を知ってもらうために開催されるイベント。キャンパスの見学や相談会は,在学生が企画・運営を担当することもある。

オリエンテーション
【おりえんてーしょん】

新入生に対して,大学の仕組みやルールを説明すること。
➡ TOPIC 4

ガイダンス
【がいだんす】

はじめてのことに対して,説明や案内をする機会。「就職ガイダンス」など。
⇨就職活動【しゅうしょくかつどう】

学位
【がくい】

一定の教育課程を修了するか,それと同等の業績が認められた人に授与される称号。「学士」,「修士」,「博士」など。
⇨学士【がくし】
⇨修士【しゅうし】
⇨博士【はくし】

学園祭
【がくえんさい】

⇨大学祭【だいがくさい】

学士
【がくし】

大学の学部を卒業することで得られる学位。
⇨学位【がくい】

学食
【がくしょく】

⇨学生食堂【がくせいしょくどう】

学生証
【がくせいしょう】

それぞれの学生に配られる身分証明書。図書館などの学内施設を利用する際に必要となる場合が多い。
➡ TOPIC 1

学生食堂
【がくせいしょくどう】

大学内にある学生向けの食堂。値段が安い上に,メニューが豊富。大学によっては,カフェやファストフード店,フレンチレストランなども設置されている。
➡ TOPIC 9

学籍(学生)番号
【がくせき(がくせい)ばんごう】

学生証に記されている番号。大学内での学生のID番号であり,試験やレポート提出の際に記入を求められることが多い。

学費
【がくひ】

大学で勉強をするのにかかる費用のこと。入学金や授業料のほか,教科書代なども含まれる。

学割
【がくわり】

学生割引の略。学割証があれば,鉄道運賃などが割引になる。

学会
【がっかい】

研究成果の発表や研究者同士の交流のために,学問の分野ごとに組織される団体。その団体が主催する集会を指す場合もある。

科目等履修生
【かもくとうりしゅうせい】
その大学の学生ではない人で，特定の授業だけを履修する人のこと。試験を受けて合格すれば，単位も与えられる。ただし，所属大学の単位にはならない。
⇨聴講生【ちょうこうせい】
⇨単位互換制度【たんいごかんせいど】

カルト
【かると】
反社会的な集団。一般に，親身で好意的な態度で親密な関係を築くことで，断りにくい状況を作ってから勧誘する。セミナーや合宿に誘って，集中的に説得することも多い。いったん取り込まれると，友人や家族との接触を禁じられることもある。
➡ TOPIC 8
⇨クラブ・サークル【くらぶ・さーくる】

キャリア教育
【きゃりあきょういく】
将来の進路を自分で選択・決定する能力や，社会人として自立するために必要な能力を養うための教育。
➡ TOPIC 12

キャリアセンター
【きゃりあせんたー】
大学で学生の就職活動を支援してくれるところ。企業の資料や OB・OG の情報があり，担当の先生が相談に乗ってくれる。「就職課」と呼ぶ大学もある。
➡ TOPIC 12
⇨就職活動【しゅうしょくかつどう】

キャンパス
【きゃんぱす】
大学の構内（建物や敷地），または大学そのもの。

休学
【きゅうがく】
病気や留学などのために，大学に在籍したまま，許可を得て一定期間，大学を休むこと。
➡ TOPIC 9

休講
【きゅうこう】
授業が休みになること。あらかじめ予定されている場合と，先生の都合で急に決まる場合がある。休講情報は，掲示板やインターネットで各自チェックが必要。
➡ TOPIC 1

教授
【きょうじゅ】
大学の先生の肩書きの1つ。研究・教育職の最高位。ほかに，准教授，講師などがある。
➡ TOPIC 7
⇨准教授【じゅんきょうじゅ】
⇨講師【こうし】

クラブ・サークル
【くらぶ・さーくる】
自由参加の課外活動。大学公認のものから，他大学と合同のものまで，規模はさまざま。
➡ TOPIC 8

クーリング・オフ
【くーりんぐ・おふ】
訪問販売などで申し込んだ契約を一定期間内であれば無条件に解除できる制度。
➡ TOPIC 10

掲示板
【けいじばん】
事務室の前などに設置されている，連絡用のボード。急な休講情報や，レポート課題などもここに貼り出される。
→ TOPIC 1

研究室
【けんきゅうしつ】
学内の先生の私室。または，専門ごとに与えられている，学部生・大学院生の共同の部屋。
→ TOPIC 7

公開講座
【こうかいこうざ】
一般の人の参加も可能な講習会。ふだんの大学の授業とは違い，生涯学習や資格対策などの内容が多い。正規の授業として扱われないので，受講料がかかることもある。

講義
【こうぎ】
大学の授業形式の1つ。比較的大人数で，先生の話を聴く授業。
→ TOPIC 2
⇨ゼミ【ぜみ】
⇨実習【じっしゅう】

講師
【こうし】
大学の先生の肩書きの1つ。大学に所属し，校務も行う専任講師と，授業のみを行う非常勤講師がある。
→ TOPIC 7
⇨教授【きょうじゅ】
⇨准教授【じゅんきょうじゅ】
⇨非常勤講師【ひじょうきんこうし】

コマ
【こま】
授業の数え方の単位。90分の授業1つを表す。
→ TOPIC 2

コンパ
【こんぱ】
親睦会のこと。クラスやゼミ，クラブ・サークルのコンパが代表的。ほかにも，「新歓コンパ」（新入生歓迎コンパ）や「追いコン」（追い出しコンパ：卒業・引退する人の送別会）など，さまざまなものがある。
⇨クラブ・サークル【くらぶ・さーくる】

さ

再履修
【さいりしゅう】
単位の取れなかった授業を，翌年以降にもう一度履修すること。

サークル
【さーくる】
⇨クラブ・サークル【くらぶ・さーくる】

実習
【じっしゅう】
大学の授業形式の1つ。実際に体験して学ぶ授業。スポーツ実習や，教員免許取得のための教育実習，図書館司書資格取得のための図書館実習，社会調査のためのフィールドワークなど。
→ TOPIC 2，TOPIC 5
⇨講義【こうぎ】
⇨ゼミ【ぜみ】

社会人学生
【しゃかいじんがくせい】
企業などで社会生活を送ったあと，大学で学ぶことを希望して入学した学生。
➡ TOPIC 9

就活
【しゅうかつ】
⇨就職活動【しゅうしょくかつどう】

修士
【しゅうし】
大学院の修士課程を修了することで得られる学位。マスターともいう。
➡ TOPIC 12
⇨学位【がくい】
⇨大学院【だいがくいん】

就職活動
【しゅうしょくかつどう】
将来働く場所を得るために行う活動のこと。就職情報サイトへの登録や企業説明会への参加に始まり，エントリーシートの提出や，筆記試験・面接試験を経て，内定が出るまでの過程の総称。「就活」とも呼ばれる。
➡ TOPIC 12
⇨ SPI【えすぴーあい】
⇨エントリーシート【えんとりーしーと】
⇨キャリアセンター【きゃりあせんたー】
⇨リクルートスーツ【りくるーとすーつ】

集中講義
【しゅうちゅうこうぎ】
夏期などの長期休暇に集中的に行われる，短期間の講義。期間が短い分，密度の高い時間割となる。総時間が短いわけではない。

准教授
【じゅんきょうじゅ】
大学の先生の肩書きの1つ。2007年4月より前は，助教授と呼ばれていた。
➡ TOPIC 7
⇨教授【きょうじゅ】
⇨講師【こうし】

奨学金
【しょうがくきん】
経済的な理由で勉学が中断されることのないように，無利子または有利子で貸与されるお金のこと。大学独自のものや，大学以外の諸団体によるものがある。経済状況にかかわらず，優秀な学生に対して支給される奨学金もある。
➡ TOPIC 1

除籍
【じょせき】
在籍を取り消されること。

シラバス
【しらばす】
その年に開講される授業の内容や計画が詳しく載っているもの。冊子やオンライン版など，形態は大学によって異なる。時間割を決めるときに参照する。
➡ TOPIC 1

生協
【せいきょう】
⇨大学生協【だいがくせいきょう】

成績証明書
【せいせきしょうめいしょ】
大学での成績を証明する書類。大学院への進学や就職の際に必要となる場合がある。大学で発行される証明書には，これ以外にも，在学証明書や卒業証明書などがある。

成績表
【せいせきひょう】

これまでに履修した授業の成績や，単位修得状況をまとめたもの。

ゼミ
【ぜみ】

大学の授業形式の1つ。先生の指導のもと，少人数の学生が発表や討論をし合う参加型の授業。ゼミナールの略。「演習」ともいう。
→ TOPIC 2，TOPIC 5，TOPIC 6
⇨講義【こうぎ】
⇨実習【じっしゅう】

ゼミ発表
【ぜみはっぴょう】

ゼミのテーマに関する文献を読んだり，自ら調べたりして，考えたことを口頭で論理的に説明すること。文献発表と自由発表がある。
→ TOPIC 5
⇨プレゼンテーション【ぷれぜんてーしょん】

卒業論文
【そつぎょうろんぶん】

大学での勉学の集大成として提出する，長めのレポート（ただし，課されない学部・学科もある）。略して卒論。芸術系の大学では，卒業制作が課されることもある。
→ TOPIC 5，TOPIC 11

退学
【たいがく】

在学中に大学をやめること。大学側から強制的にやめさせられる場合もある。

大学院
【だいがくいん】

学部での研究を深めるために進学する機関。修士課程（マスター・コース）と博士課程（ドクター・コース）がある。進学のためには試験（論文の諮問や面接，筆記試験など）がある。多くの大学に設置されているが，学部のときとは違う大学の大学院を受験することもできる。
→ TOPIC 12
⇨修士【しゅうし】
⇨博士【はくし】

大学祭
【だいがくさい】

大学のお祭り。「学園祭」ともいう。クラブ・サークルの出しものや，講演会・コンサートなどが行われる。一般の人も参加できる。夏から秋に開催されることが多い。
→ TOPIC 9

大学生協
【だいがくせいきょう】

「大学生活協同組合」の通称。書店や食堂，購買部などを経営。組合員になると，書店や食堂での割引や，保険など，大学生活を送る上で多くのメリットがある。
→ TOPIC 3

第2外国語
【だいにがいこくご】

2つ目の外国語科目。英語以外の外国語を指すことが多く，各言語は学生の間で次のように略して呼ばれることが多い。

　　ドイツ語⇨ドイ語，独語
　　フランス語⇨フラ語，仏語
　　スペイン語⇨スペ語
　　中国語⇨チャイ語
→ TOPIC 3

単位
【たんい】
学習量を，学習時間を基準として換算したもの。進級や卒業の認定に用いられる。1つの授業で，通年で4単位，半期で2単位を得られるのがふつう。外国語など，半期で1単位のものもある。
➡ TOPIC 1

単位互換制度
【たんいごかんせいど】
大学間の協定に基づいて，他大学の授業を履修して取得した単位が，自分の大学の単位として認定される制度。

聴講
【ちょうこう】
講義を聴くこと。履修登録していない授業に出ることを指す場合もある。その場合は「もぐる」ともいう。

聴講生
【ちょうこうせい】
その大学の学生ではない人で，特定の授業だけを受講する人のこと。科目等履修生と違い，単位は与えられない。他大学の学生や社会人などが，受けたい授業だけを受講する。
⇨科目等履修生【かもくとうりしゅうせい】

TA
【てぃーえー】
「Teaching Assistant」の略。授業などで先生を補助する人。大学院生が担当することが多い。

転部・転科
【てんぶ・てんか】
所属している学部・学科から，ほかの学部・学科に移籍すること。無条件にできるものではないので，学部・学科は，受験のときによく選んでおくことが大事。

TOEIC
【とーいっく】
国際コミュニケーションのための，英語能力の検定試験。ビジネスに際した英語スキルをはかるのに用いられている基準。
➡ TOPIC 11

TOEFL
【と(ー)ふる】
英語を母国語としない人を対象とした，英語能力の検定試験。もともとはアメリカおよびカナダの大学への留学の際に必要だったが，最近は世界的な基準となりつつある。
➡ TOPIC 11

は

博士
【はくし】
大学院の博士課程を修了することで得られる学位。ドクターともいう。大学院に行かなくても，論文の審査により授与されることもある。
➡ TOPIC 12
⇨学位【がくい】
⇨大学院【だいがくいん】

ハラスメント
【はらすめんと】

「嫌がらせ」を意味する。性差別的な言動によるセクシャル・ハラスメント（セクハラ）や，教員がその立場を利用して行うアカデミック・ハラスメント（アカハラ），飲酒を強要するアルコール・ハラスメント（アルハラ）などがある。
➡ TOPIC 10

パワーポイント
【ぱわーぽいんと】

マイクロソフト社のパソコンソフト。紙芝居のような資料を作成し，スクリーンに映し出すことができるため，プレゼンテーションによく用いられる。講義で使う先生も多い。ゼミ発表では，学生が使用することもある。
⇨プレゼンテーション【ぷれぜんてーしょん】

非常勤講師
【ひじょうきんこうし】

授業を受け持つ先生で，その大学に所属していない人のこと。所属大学で教授であっても，他大学で授業を受け持つ際は，非常勤講師と呼ばれる。大学院生がすることもある。専業の非常勤講師もいる。
⇨講師【こうし】

必修科目
【ひっしゅうかもく】

所属学部・学科において決められている，必ず登録・履修すべき科目。この単位を取っておかないと，卒業できない。
➡ TOPIC 1

フィールドワーク
【ふぃーるどわーく】

「現地調査」とも訳される社会調査法の1つ。調査したい事柄が実際に行われている現場へ行き，直接話を聴いたり，その場で行われていることを書き留めたりする。
➡ TOPIC 5
⇨実習【じっしゅう】

プレゼンテーション
【ぷれぜんてーしょん】

自分が伝えたい情報を，言葉や資料などを使って，ほかの人に説明すること。プレゼンと略される。ゼミ発表はプレゼンの1つ。
⇨ゼミ発表【ぜみはっぴょう】

補講
【ほこう】

休講になった分を補うために，ほかの日に行われる授業。成績に難がある学生のみに行われる，処置的な補講もある。

リクルートスーツ
【りくるーとすーつ】

就職活動をするときに，多くの学生が着用するスーツのこと。紺やグレーが多い。
➡ TOPIC 12
⇨就職活動【しゅうしょくかつどう】

履修登録
【りしゅうとうろく】

自分が受けたい授業を登録すること。登録しないと単位認定されない。
➡ TOPIC 1

留学
【りゅうがく】

外国に学びに行くこと。大学が，海外の大学と留学生受け入れの協定を結んでいることもある。

➡ TOPIC 9

留年
【りゅうねん】

卒業に必要な単位数を満たさなかったり，必修科目の単位を落としたりして，4年で卒業できないこと。1，2年次に一定の単位数と成績を収めていないと，次の学年に進級できないこともある。

➡ TOPIC 9

履歴書
【りれきしょ】

学歴・職務経歴や人物像，志望動機などを書いた書類。企業採用やアルバイトなどの求人に応募するときに用意する。

レジュメ
【れじゅめ】

授業で配付される，内容を要約したプリント。ゼミ発表のときは，学生が用意する。レジメともいう。

➡ TOPIC 5

レポート
【れぽーと】

根拠に基づいて自分の主張を述べた文章のこと。大学で課題としてよく出される短かめの論文。

➡ TOPIC 4，TOPIC 5，TOPIC 6

大学新入生ハンドブック

2014年11月10日　第1刷発行	定価は裏表紙に
2018年3月25日　第2刷発行	表示しています

編　者　世界思想社編集部

発行者　上　原　寿　明

世界思想社

京都市左京区岩倉南桑原町56　〒606-0031
電話 075(721)6500
振替 01000-6-2908
http://sekaishisosha.jp/

© 2014　Sekaishisosha　Printed in Japan　　（印刷・製本 太洋社）

落丁・乱丁本はお取替えいたします。

JCOPY　<（社）出版者著作権管理機構　委託出版物>

本書の無断複写は著作権法上での例外を除き禁じられています。複写される場合は、そのつど事前に、（社）出版者著作権管理機構（電話 03-3513-6969，FAX 03-3513-6979，e-mail: info@jcopy.or.jp）の許諾を得てください。

ISBN978-4-7907-1641-9

もっと詳しく知るには…

ノートのとり方，レポートの書き方，資料の探し方，ゼミ発表の仕方，パソコンの使い方…。大学での学びに必要なスタディ・スキルを，イラストで具体例を示してわかりやすく解説。徹底的な学生目線で人気を博した初年次教育テキスト，待望の4訂版。

『大学生 学びのハンドブック［4訂版］』
　世界思想社編集部 編
　A5判／128頁／2色刷
　定価 1,200円＋税
　ISBN978-4-7907-1707-2

ウェブでサンプルをご覧いただけます。
http://sekaishisosha.jp/fye/

教職員の方へ…

近年，急速に普及した初年次教育。高校から大学への移行を支援し，自律的かつ深い学びに誘う初年次教育は，大学教育の質的転換の起点となる。その最新の理論・研究を体系化するとともに，実践に活用できる様々な教育法を紹介する。

『初年次教育の現状と未来』
　初年次教育学会 編
　A5判／272頁
　定価 2,500円＋税
　ISBN978-4-7907-1581-8